Falando de Amor

Aos
que estão
em busca do
AMOR

Falando de Amor

Um Caminho para a Cura dos seus Relacionamentos

Texto e Ilustrações de
Patricia Gebrim

EDITORA PENSAMENTO
São Paulo

Copyright © 2002 Patricia Puccini Peres Garcia.

Todos os direitos reservados. Nenhuma parte deste livro pode ser reproduzida ou usada de qualquer forma ou por qualquer meio, eletrônico ou mecânico, inclusive fotocópias, gravações ou sistema de armazenamento em banco de dados, sem permissão por escrito, exceto nos casos de trechos curtos citados em resenhas críticas ou artigos de revistas.

A Editora Pensamento-Cultrix Ltda. não se responsabiliza por eventuais mudanças ocorridas nos endereços convencionais ou eletrônicos citados neste livro.

O primeiro número à esquerda indica a edição, ou reedição, desta obra. A primeira dezena à direita indica o ano em que esta edição, ou reedição foi publicada.

Edição	Ano
3-4-5-6-7-8-9-10-11-12-13	09-10-11-12-13-14-15-16-17

Direitos reservados
EDITORA PENSAMENTO-CULTRIX LTDA.
Rua Dr. Mário Vicente, 368 – 04270-000 – São Paulo, SP
Fone: 2066-9000 – Fax: 2066-9008
E-mail: pensamento@cultrix.com.br
http://www.pensamento-cultrix.com.br

Impressão e Acabamento
Cometa Grafica Editora
Tel- 11-2062 8999
www.cometagrafica.com.br

Sumário

Agradecimentos   6

Introdução   7

Você já é amor!   9

Partindo em busca do Santuário   15

Confiando na sua capacidade de achar o caminho   25

Desenterrando a pedra preciosa   37

Mergulho no lago   47

Coragem de dizer o próprio nome em voz alta   57

Atravessando o portão   73

O Santuário   93

Utilização das cartas   107

Sobre a autora   108

Não é fácil escrever sobre relacionamentos. Talvez não exista área de nossa vida em que sejamos mais confusos.

Apesar da confusão, dentro de cada um de nós, homens, mulheres, crianças, velhos, vegetarianos, adeptos da malhação ou da prática de mantras na busca de um desenvolvimento espiritual, dentro de TODOS nós, existe uma busca simples e real:

Todos estamos em busca do amor!

Todos desejamos, talvez secretamente, nem que seja por alguns momentos, ser capazes de olhar para o céu com estrelas nos olhos. Desejamos suspirar, naquele estranho estado em que ficamos quando estamos apaixonados. Desejamos amar... e ser amados.

Este livro é um convite a uma jornada. Não uma jornada comum, mas uma viagem interior em busca do amor.

Você consegue pressentir o caminho?

Sente uma leve agitação no peito, como o bater das asas de um pássaro que quer voar?

Cabe a você escolher o ritmo de sua própria caminhada. Você pode simplesmente ler estas linhas... ou pode permitir que adquiram um significado. A escolha é sempre sua — na vida, nos relacionamentos, em uma simples leitura. Você determina até onde quer ou pode chegar.
Vamos lá?

Você já é amor!

*P*rofundamente enterrada sob camadas e mais camadas de esquecimento repousa, dentro do nosso peito, uma pedra preciosa que reflete com pureza o que temos de mais valioso.

Nesse lugar sagrado, cravado no coração do nosso Ser, repousa nossa luz, nossa sabedoria, nossa capacidade de dar e receber o mais puro amor.

O AMOR JÁ ESTÁ AÍ ... AGORA MESMO... DENTRO DE VOCÊ!

Que bom seria se pudéssemos nos conectar com essa única idéia e aceitá-la como verdade! Mas muitas vezes não podemos... e apesar de sabermos o que queremos encontrar, já não sabemos por onde começar a procurar.

ONDE ESTÁ O AMOR?

ASSIM NOS PERDEMOS, e partimos, sedentos, pela vida, exigindo que os outros, que o mundo, que "alguém" mate nossa sede de vida e de amor.

Não é de estranhar que acabemos nos sentindo mais e mais frustrados. Nossa vida vai, aos poucos, perdendo a cor, o frescor, a doçura.

E para não dizer que não nos "esforçamos", decidimos encontrar alguém a quem responsabilizar. (Afinal, "alguém" tem que ser culpado!!!)

E responsabilizamos os outros. Responsabilizamos nossos pais, nossos familiares, nossos amigos. Responsabilizamos nosso trabalho, nossos chefes, nossos professores. Responsabilizamos (e muito!) nossos parceiros por relacionamentos pobres em amor.

QUANTA CONFUSÃO SOMOS CAPAZES DE CRIAR!

Tudo isso porque não temos coragem de assumir que somos os causadores da nossa dor. Sofremos porque queremos de volta algo de que já nem nos lembramos mais. Sofremos porque esquecemos de nós mesmos em algum lugar, lá atrás.

ESTAMOS COM
AMNÉSIA... PROFUNDA!

Não há como fugir... isso acaba se refletindo em nossos relacionamentos.

RECUPERE A MEMÓRIA:

O mundo é um espelho de proporções gigantescas.

Aproxime-se carinhosamente do seu próprio eu, e observe, maravilhado, seus relacionamentos tornando-se mais e mais vivos e reais.

Afaste-se de você mesmo, e as pessoas se afastarão também. Seus relacionamentos refletirão, quase magicamente, essa pobreza de contato.

O UNIVERSO É ASSIM EXATO.

Assim, o primeiro passo em direção à cura dos nossos relacionamentos é aquele que nos leva diretamente para dentro de nós.

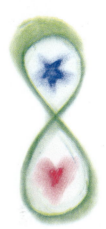

Não adianta sair pelo mundo à procura de alguém se você ainda não encontrou a si mesmo!

Partindo em busca do Santuário

ossa caminhada se inicia com a subida de uma montanha. Você consegue sentir essa brisa suave que convida você a se arriscar, a acreditar na possibilidade de se transformar?

Como em qualquer caminhada, a jornada que agora iniciamos requer um mínimo de preparação.

Carregamos coisas demais. Andamos pela vida pesados, com os ombros tensos e doloridos, os maxilares travados.

Você consegue perceber essa pressão sobre seus ombros? O peso das responsabilidades, do perfeccionismo, do medo de falhar? Consegue perceber, em sua mochila pesada, o pacote enorme de crenças que insiste em carregar?

TEMOS MEDO DE NÃO ENCONTRAR O QUE PRECISAMOS PELO CAMINHO.

Carregamos em nossas costas tudo aquilo que nossos pais nos disseram sobre o mundo, o que nos foi ensinado na escola, o que era socialmente aceito. Carregamos medos, opiniões, preconceitos...

"Se você acreditar no que dissermos, e seguir o caminho que indicamos, você será feliz!" — essa era a promessa.

E queríamos TANTO ser felizes, que jogamos sobre nossos ombros esse pacote de ilusões e partimos para o mundo em busca da felicidade.

Mas a verdade, difícil de ser encarada, nos coloca de cara com a seguinte pergunta: "Se existisse um caminho único e conhecido para a felicidade, já não estariam todos lá?"

Quantas pessoas realmente felizes você conhece?

A FELICIDADE NÃO PODE SER ENSINADA.
É UMA DESCOBERTA PESSOAL!

Quando você respirou pela primeira vez, assim que saiu do útero da sua mãe, nasceu para seus pais, para sua família, para o mundo, para o outro.

Mas ainda não deu À LUZ seu verdadeiro Eu.

COMO SER FELIZ SEM TER NEM MESMO NASCIDO?

É preciso nascer de novo... e de novo...
e mais uma vez.

Agora mesmo você pode escolher nascer!

... e agora... e agora... e agora... e agora... e agora... e ...

... agora também!

Nascer de novo é olhar o mundo com seus próprios olhos, como se você nunca o tivesse visto. É um mergulho bem no meio do desconhecido, capaz de trazer as asas de volta para a sua vida. Asas que tornem mais leve a sua caminhada.

PRECISAMOS ADQUIRIR LEVEZA,
SE QUISERMOS PROSSEGUIR
ATÉ O FINAL.

Por que não experimentar agora mesmo? Só um pouquinho... por apenas um minuto... por uma hora... uma vida...

Pense nos seus relacionamentos.

Quantas vezes você se perdeu, buscando em seus parceiros aquilo que OS OUTROS lhe disseram que deveria estar lá?

Quantas vezes se esqueceu de valorizar as qualidades únicas que aquela pessoa tinha a lhe oferecer?

Ou ainda... quantas vezes acabou negando a si mesmo e ficando ao lado de alguém só porque o mundo parecia aprovar?

TENTE FAZER ESSE EXERCÍCIO COM A PRÓXIMA PESSOA QUE ENCONTRAR:

Olhe fundo dentro dos olhos dessa pessoa, como se nada soubesse sobre ela. Procure descobrir quem se esconde lá atrás... atrás das pupilas.

Tente ver aquilo que ninguém ainda viu, tente pressentir a pedra preciosa que se esconde nesse olhar.

Se você fizer isso, é bem provável que a pessoa perceba, pois não estamos acostumados a ser olhados assim.

Não estamos acostumados a ser lembrados

de nossa beleza,

de nossa pureza,

de nosso Eu real.

PODEMOS ENRIQUECER NOSSOS RELACIONAMENTOS.

Um simples olhar pode tocar mais do que as palavras mais elaboradas, se for um olhar sustentado por uma intenção real de encontro. Nunca acredite que já conhece tudo, pois sempre há mais para ser visto.

Quando estiver pronto para prosseguir, volte.

Estarei aqui, aguardando pacientemente.

PS: Mas volte, tá?

Liberte-se...

... E APRENDA A RECONHECER E A TRANSFORMAR AS CRENÇAS LIMITADORAS QUE AFASTAM VOCÊ DA FELICIDADE!

Confiando na
sua capacidade de
achar o caminho

Alguma vez, em sua vida, você já se permitiu caminhar sem rumo, por um lugar desconhecido?

Pergunto isso enquanto imagino se teremos a coragem de nos perder juntos através destas linhas.

Agora mesmo, vou seguindo a caneta (gosto de escrever à mão... o computador só vem depois) sem saber para onde estamos sendo levados, eu e você.

Assim é a vida, aceitemos ou não.

A vida não é algo que se possa controlar!

Algumas pessoas tentam, é verdade.

Mas a única forma de controlar a vida é torná-la pequena, restrita. É evitar o desconhecido, seguir sempre pelos mesmos caminhos.

(Será isso viver ou morrer?)

Alguma vez você já se retirou de um relacionamento porque não sabia para onde estava indo?

Em termos de relacionamentos, mais do que em qualquer área de nossa vida, queremos garantias, segurança, um solo "firme" para pisar. Queremos um mapa com instruções claras e precisas. Queremos números, tabelas, medidas. Desejamos que nossos parceiros nos dêem essa garantia cumprindo todos os itens de uma vasta lista...

VOCÊ PRECISA

- ✓ Me ligar ao menos três vezes, TODOS os dias.
- ✓ Dizer que me ama no mínimo uma vez por semana.
- ✓ Adivinhar que estou querendo ir ao cinema *
    (* se eu precisar pedir, não vale)
- ✓ Precisa...
- ✓ Precisa...
- ✓ Precisa...

QUANTAS EXIGÊNCIAS...

E se são tantas as que fazemos aos outros, imagine só o tamanho das exigências que fazemos a nós mesmos.
Você sente?
Agora mesmo?
Um peso, uma falta de ar.
Para respirar é preciso confiar.
Você fica o tempo todo controlando sua respiração?

NÃO!

A RESPIRAÇÃO ACONTECE SOZINHA!
O MESMO ACONTECE COM A VIDA.

UM EXERCÍCIO PARA AUMENTAR SUA CONFIANÇA NA VIDA:

Feche os olhos e preste atenção, por uns instantes, à sua respiração. Inspire e imagine o ar trazendo para dentro de você uma certeza tranqüila de que você receberá tudo o que precisar — prosperidade, amigos, sabedoria, força, amor — aquilo que você quiser! Permita-se sentir a alegria da abertura, como se a cada inspiração você dissesse:

"SIM, VIDA, EU TE QUERO DENTRO DE MIM!"

Sentiu?

Agora permita que o ar saia, e que a expiração leve embora tudo o que impede você de confiar. Deixe sair o medo, a ansiedade. Entregue sua necessidade de controlar, de se agarrar, de segurar. Simplesmente relaxe e permita que isso tudo se vá. Compreenda que é preciso abrir espaço no peito, para que mais ar possa entrar.

A expiração é o nosso desapego, o deixar ir, uma prova de que confiamos que mais chegará.

"A simples prática deste exercício, apenas por alguns minutos, todos os dias, pode fazer uma diferença enorme para você!"

Procure viver isso, nem que seja por UM DIA:

UM DIA sem tentar controlar as coisas ou as pessoas.

UM DIA fluindo com a sua vida, seja ela como for.

UM DIA buscando seu próprio equilíbrio e acreditando-se capaz de lidar com o que quer que aconteça.

Importante...

"Abrir mão do controle não significa ter que aceitar tudo e ponto final!"

Só significa que você já não tenta decidir sua vida unicamente a partir da sua cabeça, da sua razão, daquilo que você "sabe".

Significa respeitar aquela voz sutil que sempre lhe diz para onde ir e o que fazer, aquela voz que está sempre lá, em seu íntimo, sussurrando em seu ouvido.

Eu sei que muitas vezes você prefere não ouvir essa voz, com medo de ter que enfrentar coisas difíceis, com medo de ter que abrir mão daquilo que considera importante, com medo de ter que mudar.

Mas quando a mudança é uma necessidade real, mesmo que você não queira aceitar , "algo" começa a empurrá-lo.
De repente você começa a se sentir agitado, insatisfeito, infeliz.

INFELIZ.

Você pode pensar:

"Mas está tudo tão bem... por que estou me sentindo assim? Estou casado com uma pessoa maravilhosa, tenho tudo o que sempre quis, estou ganhando um bom salário...
Por que estou me sentindo assim ????"

Lutamos contra a nossa própria sabedoria.

Mas, por mais que você tente evitar ou se distrair — acredite — a voz continuará lá, como um espinho fincado fundo na sua pele, incomodando até que você se entregue e desista de lutar.

Abrir mão do controle é seguir em frente, enfrentar o que quer que tenha que ser enfrentado... mudar... crescer... transformar.

VOCÊ TEM CORAGEM PARA "PEITAR" A VIDA DE FRENTE?

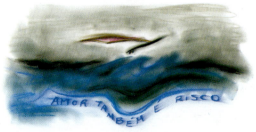

Aprenda a reconhecer essa voz interna e a entregar-se a ela. Essa é a única segurança real.

Se essa voz lhe disser que é hora de partir, PARTA, mesmo querendo ficar. Se essa voz lhe disser que é hora de ficar, FIQUE, mesmo que esteja assustado e querendo fugir.

Se você ainda não consegue ouvir, ou reconhecer essa voz, aprenda a aquietar sua mente e mergulhe em seu encontro.
Faça isso agora mesmo.

O QUE VOCÊ CONSEGUE ESCUTAR?

Arrisque...

Liberte-se

... E ABRA MÃO
DOS CONTROLES.
APRENDA A
CONFIAR
NA VIDA.

Desenterrando a pedra preciosa

*E*m meio ao nosso processo de transformação pessoal, sempre chega aquele momento em que nos sentimos cansados demais para continuar.

De repente parece que não seremos capazes, que não conseguiremos prosseguir.

Nós nos sentimos patinando, sem sair do lugar, com uma vontade enorme de desistir. Desistir de saber quem somos, desistir de buscar algo que não sabemos onde encontrar, desistir de lutar.

No entanto, bem escondida sob esse cansaço, repousa a verdade que tanto evitamos:

"Desistimos porque acreditamos que não merecemos o que a vida tem para nos dar."

Fugimos dos relacionamentos porque não conseguimos nos convencer de que podemos de fato ser amados. Não importa o quão lógicas possam ser nossas justificativas. O fato é que não estávamos prontos para ficar.

Acreditamos que a felicidade é algo reservado a pessoas perfeitas, e se temos tantas imperfeições, como acreditar que poderíamos ser felizes?

Mesmo que tenhamos adentrado um templo sagrado repleto de pedras preciosas, mesmo que tenhamos ao nosso lado uma pessoa maravilhosa, acabamos abrindo mão desses tesouros porque nos sentimos impuros demais.

Não temos a coragem de entrar nesse templo com os sapatos sujos de lama e os pés feridos de tanto caminhar.

PRECISAMOS APRENDER A NOS
ACEITAR COMO SOMOS.

Precisamos aprender a aceitar cada falha que existe em nós, cada fraqueza, cada imperfeição.

Aceitar aquilo que acreditamos ser nosso pior defeito, aquilo de que mais nos envergonhamos em nós mesmos.

É fácil amar o que existe de belo em nós.
É fácil admirar o brilho de um rubi.
Difícil é cavar a terra à sua procura, ferir as mãos na aspereza, sentir o corpo doído e o calor dilatando nossos poros.

Acredite... enquanto você não passar por esse processo, enquanto não mergulhar nas cavernas escuras do seu próprio Ser em busca de seu valor pessoal, você não se sentirá merecedor da intimidade acolhedora de um relacionamento.

Você acredita que merece, de fato, ser amado por alguém?

Você acredita que merece viver um relacionamento que lhe traga leveza, alegria, prazer, conhecimento, sabedoria, crescimento, paixão, amor...

Acredita "MEEESMO"?

ENCONTRE A ENTRADA DA SUA CAVERNA.

Tenha a coragem de percorrer os corredores escuros, povoados de monstros antigos, lembranças, medos, vergonhas. Prossiga até a câmara secreta escondida nas profundezas da terra e então cave, com as mãos nuas se necessário.

Desenterre essa pedra brilhante e preciosa que repousa aí, dentro de você, agora mesmo.

Você consegue senti-la pulsando?

Consegue tocar essa pedra mágica, capaz de curar suas feridas, aliviar suas dores e purificar sua alma?

ELA É VOCÊ!

LIBERTE

A SUA

LUZ

Arrisque

Acredite em você...

Liberte-se

... VOCÊ
MERECE
RECEBER
TODO O AMOR
DO UNIVERSO!

Mergulho no lago

*I*magine-se chegando agora em uma clareira surpreendentemente bela, bem no meio da montanha.

Nessa clareira, um lago tranqüilo convida você a experimentar a suavidade da água por alguns instantes.

Pela primeira vez, desde o início de sua caminhada, você pode se permitir não "ter que fazer" coisa alguma. Você pode, simplesmente, sentar-se à beira do lago e molhar os pés, contemplando a beleza desse lugar.

É assim que nos sentimos quando estamos em contato com o nosso coração.

Eu gostaria de ser capaz, agora, de dar asas a estas palavras. Gostaria que cada letra, de tão leve, se transformasse em uma borboleta branca soltando-se do papel, ajudando você a se maravilhar com a transparência luminosa que existe em seu próprio coração.

Eu gostaria que, por um segundo, você pudesse sentir seu coração se abrindo, os sentimentos mais belos fluindo como uma névoa cor-de-rosa ao seu redor.

Há quanto tempo você não se senta à beira de um lago com um montinho de pedras à mão? Há quanto tempo não atira as pedrinhas, observando as ondas que se formam até chegar a seus pés?

Há quanto tempo não faz isso?

Você pode pensar... "Ora, sou muito ocupado!"

Ocupado?

QUE PENA!...

É tão fácil, no mundo de hoje, cortarmos de nossas vidas momentos como esse... trabalhamos, corremos, lutamos até à exaustão.

NÃO SOBRA TEMPO PARA O NOSSO CORAÇÃO.

Não sobra tempo para parar um pouco e ficar sentado "de papo para o ar", não sobra tempo para dar aquela espreguiçada gostosa na cama, de manhã, antes de levantar-se.

Não sobra tempo para passear com os nossos filhos, para brincar com o nosso cãozinho, para fazer aviãozinho de papel e jogá-lo livre no ar.

Sem perceber, acabamos transformando a vida num inverno frio e solitário, que nos congela, e afasta as pessoas de nós.

Ou então fazemos da vida um inferno, agitado, quente, furioso. A água do lago evapora e o nosso coração torna-se seco como o leito rachado de um rio extinto.

SINTA O SEU CORAÇÃO!

VOCÊ O SENTE VIVO E PULSANTE?

Ou ele já está tão enrijecido que você chega a duvidar de sua existência?

✦ ✦ ✦

Se seu coração estiver frio demais, acenda uma chama dentro de você.
São muitas as maneiras de se fazer isso:
Um raio de sol... abraço quentinho... sorriso de criança... passeio no parque... bolo recém-saído do forno... telefonema ao amigo querido... um beijo de amor...

Mas se a água evaporou e o seu coração se tornou seco e amargurado, você precisará encontrar formas de fazer chover.
Às vezes as lágrimas são como gotas de chuva que devolvem vida até mesmo à secura do sertão (por que não ao seu coração?).
Mostre sua vulnerabilidade... peça um carinho... vá se aproximando de mansinho.

✦ ✦ ✦

Não desista de você mesmo. Não se esconda no corre-corre da vida. Encontre uma forma de acordar seu coração.

Não será fácil. O dia-a-dia, com seus mil afazeres, é como uma fera sentada à beira do lago, um monstro que tenta afastar você de seus sentimentos, iludi-lo, distrair sua atenção.

COMPRE UM DESPERTADOR GIGANTE
E PREPARE-SE PARA MUDANÇAS EM SEUS
RELACIONAMENTOS.

A partir do momento em que você redescobre seu coração, muitas coisas começam a fluir em sua vida: alegria, entusiasmo, carinho, novos amigos, relacionamentos satisfatórios...

De repente você sente uma enorme vontade de reencontrar aquele antigo CD e cantar, em voz alta, sentindo o peito vibrar de alegria, como já não fazia há muito tempo. Você se sente inexplicavelmente vivo e descobre que não precisa mais esperar que os outros dêem isso a você o tempo todo.

Isso significa "liberdade". Para você e para os outros. Significa que, finalmente, você começa a equilibrar o dar e o receber em sua vida.

Dar
é jogar a pedrinha
no meio do lago

Receber
é ganhar beijinho de
onda na ponta dos pés

Dica:
"Só ganha beijinhos
quem joga pedrinhas!"

Arrisque

Acredite
em você

Liberte-se

Permita-se
sentir...

... A ALEGRIA,
A RAIVA,
A TRISTEZA,
O ENTUSIASMO,
QUALQUER
SENTIMENTO.
TUDO É VIDA!

Coragem de dizer o próprio nome em voz alta

Chegamos agora ao topo da montanha e nos deparamos com um grande portão.

Pare um pouco a leitura, feche os olhos por um momento e imagine como seria o seu portão... do tamanho, material e formato que quiser.

E que tenha uma fechadura.

E que esteja, pelo menos neste momento, fechado.

IMAGINOU?

Pois é verdade que a vida, em um momento ou outro, "bate com a porta na nossa cara"!

Tudo parecia estar indo bem, e de repente, quando menos esperamos, LÁ ESTÁ O PORTÃO.

Com certeza você já passou por isso na vida. Um dia conheceu uma pessoa, se aproximou, se apaixonou e, quando tudo parecia bem, um súbito fechamento...

... O PORTÃO!

Não importa a forma como este se apresente, nos sentimos sempre oprimidos frente a um portão fechado.

Bem agora, quando já caminhamos tanto, e estávamos tão perto...

PARECE INJUSTO DAR DE CARA
COM ESTE PORTÃO, NÃO PARECE?

Tocamos a fechadura e começamos a olhar em volta à procura da chave.

Tentamos uma após outra, várias formas de abrir o portão, mas por mais que nos esforcemos, nenhuma permite a passagem.

"Como seguir em frente? Como ir adiante quando parece que já esgotamos todas as tentativas?"

Já não sabemos como prosseguir.

BUSCAMOS CHAVES ESCONDIDAS MAS O PORTÃO PERMANECE IRRITANTEMENTE FECHADO.

Você consegue avaliar o esforço que tem feito na tentativa de compreender as situações que limitam seus relacionamentos?
Consegue perceber aquele movimento que acaba levando você sempre ao mesmo lugar?

Bem, imagine agora que, sentado de encontro a esse portão, você desista de procurar.

Você simplesmente permanece sentado, com você mesmo, sentindo toda a impotência, a sensação de fracasso, todo o seu cansaço.
Você respira, exausto, e se deixa ficar.

Talvez nesse exato momento, da floresta venha em sua direção uma fada, um ser mágico que se aproxima em uma nuvem prateada, tilintando suavemente como o som dos sinos de vento.

A fada lhe diz que você havia sido enganado e sussurra que aquele portão não se abriria, jamais, por intermédio de chave alguma.

"Para abri-lo — disse ela — basta que você cante sua própria canção."

SUA PRÓPRIA CANÇÃO.

Após um momento de silêncio, a fada volta para a floresta — afinal já estava entardecendo e esse é o momento do dia em que as fadas tomam seu banho de mel!

Um pouco encabulado, você olha para o portão e, embora desconfiado, decide tentar. Olha ao redor, demora um pouco e respira tentando encontrar um som que seja só seu.

VOCÊ PRECISA ENCONTRAR UMA ÚNICA
NOTA POR ONDE COMEÇAR.

Bem baixinho, começa a entoar uma canção, e sua voz sai fraca, sem firmeza.

Você insiste, mesmo assim, e aos poucos vai se soltando mais, descobrindo nisso um inesperado prazer.

E assim segue cantando, cada vez mais alto, deixando de se importar com quem poderia estar ouvindo, até que, com um súbito rangido, o portão começa a se abrir.

Antes de prosseguirmos, vale a pena refletir um pouco. (Afinal, não é sempre que encontramos um portão que se abre com uma canção...)

Quando você começou a perder sua voz?

Reaprender a cantar é uma etapa fundamental da nossa jornada pois, de uma forma ou de outra, todos nós perdemos a voz em certo momento da vida.

COMO?

Perdemos nossa voz quando deixamos de dizer nossa verdade, quando deixamos de ser quem somos, quando deixamos de expressar nossa vontade. Perdemos nossa voz quando negamos o que de fato sentimos e seguimos anestesiados pela vida. Perdemos nossa voz porque achamos que não seríamos aceitos com ela, acreditamos que esse era o preço a ser pago para estar com os outros.

Tantas vezes nos mandaram calar quando crianças... tantas vezes nos sentimos inadequados... tantas vezes sofremos por acreditar que não saberíamos o que dizer.

Não importa o que tenha levado você a abandonar sua voz.

Você precisa criar uma sintonia entre o que pensa, o que diz, o que sente, o que faz.

Precisa tornar-se inteiro de novo, caso contrário terá que passar a vida se esforçando para disfarçar suas incoerências. É cansativo demais viver assim.

É cansativo ter que esconder o que se pensa.

É cansativo lutar contra os próprios sentimentos.

É cansativo...

SEJA SIMPLESMENTE QUEM VOCÊ É, NEM MAIS... NEM MENOS!

Se alguém tiver que amar você, que ame quem você é de verdade. Entenda que nem todas as pessoas irão gostar de você.

OUÇA ESSA VERDADE:

Algumas não gostarão, nem mesmo "um pouquinho"! Descubra que você pode suportar se alguém não puder amar você, porque ninguém é amado por todas as pessoas.

(Você consegue amar, de fato, TODAS as pessoas???)

Você pode lidar com isso, desde que não abandone a si mesmo.

NUNCA ABANDONE A SI MESMO
PELO AMOR DE ALGUÉM!

UMA OBSERVAÇÃO...

Isso não quer dizer que a gente simplesmente olha para o outro e diz:

"É assim que eu sou e você tem que me aceitar!"

É claro que é preciso também aprender com o outro, ouvir, crescer, nos modificar, nos transformar. Mas isso só pode de fato acontecer quando nos aceitamos, quando nos sentimos aceitos. Quando aceitamos quem podemos ser neste exato momento.

Se negamos nossas falhas e insistimos em fingir que somos perfeitos, acabamos transformando a menor observação em uma enorme crítica.
(Você já fez isso alguma vez ???)

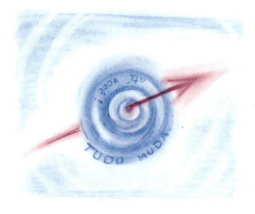

Alguma vez você já pensou:
"EU NÃO TENHO FALHAS!!! COMO OUSA ME CRITICAR?"

Se pudermos conviver com o fato de que muitas vezes iremos nos enganar, errar, ferir. Se pudermos conviver com os momentos de tristeza, confusão, irritação. Se pudermos nos abrir para o outro, sem tantas defesas, simplesmente tentando entender o que aconteceu...

VOCÊ PODE?

Abrir mão de ter que saber sempre quem foi o culpado?
Deixar de achar que existe sempre um certo e um errado?

SE PUDER ...

Então poderá criar um espaço seguro para seu relacionamento.

Um espaço para se Comunicar.

Um espaço para Crescer.

Um espaço para Compartilhar.

Às vezes precisamos ser lembrados, em um relacionamento, de que estamos lá, juntos, porque escolhemos assim.
Estamos lá porque queremos, porque acreditamos que existe um sentido em nossa união.

NÃO SOMOS OPONENTES EM LUTA

SOMOS PARCEIROS,
EM BUSCA DO AMOR!

Arrisque!

Acredite
em você

Liberte-se

... SUA VONTADE,
SEUS SENTIMENTOS,
SEUS PENSAMENTOS,
SEU SER.

SEJA VOCÊ!

Permita-se
sentir

Expresse
sua verdade...

Atravessando o portão

*V*ocê ainda está comigo? Trouxe sua voz?

Talvez neste momento você esteja curioso, imaginando o que existe do outro lado desse portão. Talvez esteja à espera de algo maravilhoso a ser encontrado, que justifique uma caminhada tão difícil, tantos obstáculos a serem ultrapassados, tantos atos de coragem.

E aqui tenho algo difícil a lhe dizer...

Essa garantia não existe.

Não existe ninguém que possa lhe dizer o que você encontrará ao atravessar seu próprio portão. O que quer que more do outro lado está relacionado com sua visão do mundo, com seus sonhos, com o quanto você se deu a eles, com aquilo em que você escolheu acreditar e criar em sua vida.

Esse portão leva você até aquele lugar onde os sonhos são transformados em coisa real.

O QUE VOCÊ TEM CRIADO EM SUA VIDA?

Você cria sua vida a partir do que escolhe acreditar, do que pensa, do que diz, do que sente, do que faz.
Tudo isso é energia criativa e vai diretamente para o outro lado do portão.

Pense um pouco nisso... Preste atenção.

Que frases você costuma repetir? Que músicas gosta de ouvir? No que acredita? No que fica pensando enquanto o sono não vem?

Olhe ao redor, para sua vida. Você gosta do que vê?

O que quer que você encontre, foi criado por você. Você escolheu isso, ou criou sem se dar conta do que fazia?

O QUE VOCÊ QUER CRIAR PARA AMANHÃ?

Se você não gosta do que vê ao seu redor, comece a criar o que gostaria. A vida é uma oportunidade única e maravilhosa que não podemos desperdiçar.

NÃO HÁ TEMPO A PERDER!!!

Se você pudesse transformar tudo agora mesmo, como seria a sua vida?

UMA VIDA FELIZ, ESCOLHIDA POR VOCÊ!

Tenha a consciência de que, neste exato momento, você está criando o seu futuro. Comprometa-se com sua própria felicidade, tenha a coragem de enfrentar o que for preciso para tirar de sua vida o que já não se encaixa mais.

MOVA-SE! Vá atrás do que falta. Parta agora mesmo em busca de seu próprio Eu.

COMO?

... Imaginando... sonhando... desejando... querendo!

ESPERE!!!

Um detalhe importante estava sendo esquecido....

Uma inscrição, quase imperceptível, escavada na parte superior do seu portão.

OLHE! LÁ EM CIMA... ESTÁ VENDO?

Sim... como todo portão mágico, também o seu traz uma inscrição, que é mais ou menos assim:

"IMAGINE... MAS CONVIDE SUA ALMA PARA PARTICIPAR.

SONHE... MAS NÃO TENTE APRISIONAR O SONHO.

DESEJE... MAS NÃO CONDICIONE SUA FELICIDADE À CONCRETIZAÇÃO DO DESEJO.

QUEIRA... MAS NÃO SEJA EXIGENTE."

Queira, mas não exija a satisfação de seu desejo, como fazem as crianças mimadas que se tornam birrentas, agressivas ou emburradas quando as coisas não acontecem como e quando elas querem.

(Anotou?)

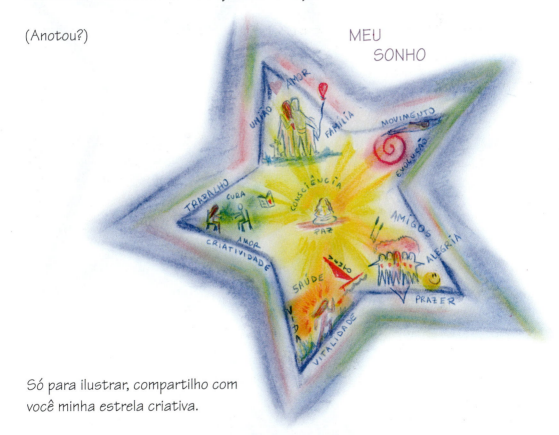

Só para ilustrar, compartilho com você minha estrela criativa.

Sonhar gera comprometimento
e movimento.

Por que será que temos tanto medo
da palavra compromisso?

O que significa, para você,
comprometer-se???

COMPROMETER

COM PROMETER

PROMETER estar COM

COM QUEM?

Nosso primeiro compromisso deve ser sempre com a nossa vida, com a
nossa verdade, com o nosso próprio Eu.
Mas assim como a vida requer que nos tornemos capazes de assumir
compromissos, os relacionamentos, para se manterem vivos, também
precisam de uma certa dose de comprometimento.

Nós nos comprometemos, num relacionamento, quando somos capazes de
incluir o outro em nossos sonhos, quando admitimos partilhar com o outro
o que antes era só nosso.

Assumir um compromisso com alguém é estar disposto a "crescer junto", a "estar com". É nossa forma de dizer: "SIM, EU QUERO ESTAR COM VOCÊ!"

Ao mesmo tempo é importante manter-se em movimento, sabendo que a vida precisa de liberdade para fluir (esse é o nosso primeiro compromisso, lembra?).

Precisamos estar sempre prontos a começar tudo de novo, se necessário, a mudar o que for preciso, a tomar um rumo nunca antes imaginado.

Essa é a flexibilidade que mantém viva nossa capacidade de sonhar e de nos relacionar. Assim garantimos espaço e liberdade ao relacionamento.

É como se acrescentássemos :

"Sim, eu quero estar com você... RESPEITANDO QUEM SOU E QUEM VOCÊ É."

Ainda sabemos pouco sobre isso... em geral nos perdemos num dos extremos.

Algumas vezes, evitamos, a qualquer custo, pensar no futuro, pois temos medo do compromisso, do fracasso, ou de perdermos a nossa liberdade. (É óbvio que ninguém pode prever o futuro, ou fazer promessas para toda uma vida!)

Quando você ama uma pessoa mas se recusa a comprometer-se com ela, faz como o avestruz, que tenta se esconder enfiando a cabeça num buraco e esquecendo que o resto ficou para fora!

POR QUE NOS ESCONDEMOS SE SABEMOS O QUANTO ISSO CRIA SEPARAÇÃO?

Nós nos escondemos para tentar manter as coisas sob controle: "Se eu mostrar ao outro que é isso o que quero, talvez o outro não me aceite..." Nós nos escondemos porque não queremos crescer, preferimos permanecer crianças, sem nos comprometermos nem mesmo com nós mesmos.

Nós nos escondemos porque não acreditamos em nossa capacidade de conquistar o que desejamos.

Se você se esconde e não convida o outro para participar de seus sonhos, ele se sente confuso, excluído, não-amado.

Se você insistir em se manter à distância, saiba que há algo que não poderá evitar...

UM DIA O OUTRO VAI SE CANSAR DE ESTAR SOZINHO AO SEU LADO.

UM DIA ELE IRÁ SE AFASTAR.

Outras pessoas caem no extremo oposto e traçam planos rígidos demais.

Querem ter tudo sob controle, planejam tudo nos mínimos detalhes, criam milhões de expectativas e acreditam que só serão felizes se cada uma dessas expectativas se concretizar.

Essa rigidez sufoca, aprisiona, torna as coisas pesadas demais. Desconsidera que o outro também precisa ter liberdade para sonhar.

Isso gera instantaneamente um enorme medo.

QUEM É CAPAZ DE DAR CONTA DE TANTA EXIGÊNCIA?

É claro que assim acabamos, da mesma forma, criando afastamento em nosso relacionamento. O outro acaba sentindo um excesso de responsabilidade em suas costas, como se tivesse que se adequar, se encaixar, se enquadrar.

Como se tivesse que nos fazer felizes tornando-se complementar ao nosso sonho.

Isso rouba do outro a liberdade de ter seus próprios sonhos, corta suas asas, o impede de respirar.

E UM DIA O OUTRO FOGE PORQUE FICA COM FALTA DE AR!

Só mesmo um bom equilibrista para andar nessa corda bamba...

Um bom equilibrista sabe equilibrar polaridades, sabe brincar com os opostos, sabe sonhar.

O equilibrista acorda e compartilha com o outro, cheio de vida, os desejos de seu coração.

Com os olhos cheios de estrelas, divide seus sonhos, seus anseios; traça planos escavando linhas na areia, lendo a palma da sua mão. Sabe que o importante é sonhar, e não se preocupa tanto em saber aonde isso irá levar. Apenas sonha, como uma criança que imagina tantas e tantas histórias, cheia de alegria, plena de vida, vibrando com cada detalhe.

Talvez no dia seguinte descubra que aquele sonho se transformou em um outro, como uma lagarta que ganha asas e descobre que pode voar, mas isso não importa.

O QUE IMPORTA É QUE, NAQUELE INSTANTE , ELE É CAPAZ DE ESTAR COM O OUTRO POR INTEIRO!

O equilibrista também gosta de ouvir sonhos de outros, e senta-se à beira da cama como fazem as crianças quando estão sedentas por histórias. E ouve de coração aberto. Não se importa se os sonhos são diferentes dos seus.

Ouça:

O amor não se trata de duas metades iguais
que se reencontram.

Só quando nos aceitamos inteiros e únicos
é que podemos, de fato, amar.

O MASCULINO E
O FEMININO,
QUANDO UNIDOS,
TORNAM-SE SAGRADOS

Assim, nesse encontro verdadeiro entre dois seres que dividem, um com o outro, o que se passa em seus corações, um caminho vai surgindo. Talvez um caminho inesperado. Talvez um caminho não sonhado por nenhum dos dois, mas um caminho possível de ser compartilhado, fruto dessa energia que se cria no próprio ato de sonhar.

Esse caminho só pode surgir quando duas pessoas são capazes de se amar e se dar uma à outra, sem tentar controlar para onde isso irá levar.

Por isso tivemos que aprender a cantar nossa própria canção.

Ousamos cantar. E de repente nossa voz se mistura com a de outro alguém, em sintonia, e então — para nossa surpresa — algo novo surge.

OUÇA... UMA MELODIA!

Assim atravessamos nosso portão.

Estamos no topo da montanha!

Arrisque

Acredite em você

Liberte-se

... COM ENTUSIASMO, COM ALEGRIA, SEM CULPAS, SEM MEDOS, SEM PRECISAR SABER COMO FAZER PARA O SONHO ACONTECER!

Permita-se sentir

Sonhe...

Expresse sua verdade

O Santuário

Sempre que ouvimos falar em Santuários, imaginamos lugares escondidos no topo de alguma montanha. Lugares mágicos onde tudo é belo, onde podemos finalmente descansar e nos refugiar do mundo.

Esse não é o caso do nosso Santuário.

O Santuário de que falamos não é um lugar, nem está distante, inacessível, em alguma montanha longínqua.

ELE ESTÁ AQUI, AGORA! NESTE MOMENTO. NESTE LUGAR.

Chegar ao Santuário é descobrir que podemos tornar sagrado cada momento, pois é lá, naquele exato momento, que a vida está.

Chegar ao Santuário é descobrir essa parte de você onde mora a paz, a sabedoria, a luz.

É a sua capacidade de encontrar silêncio mesmo em meio ao trânsito e ao caos.

É sua capacidade de encontrar beleza até mesmo no concreto daquele prédio cinza desgastado pelo tempo.

É sua capacidade de continuar amando, mesmo em meio às crises, conflitos e dificuldades do seu relacionamento cheio de imperfeições.

"PORQUE RELACIONAMENTO ALGUM É PERFEITO"
(parece óbvio, mas sempre vale lembrar!)

Como você pode agora perceber, chegar ao Santuário não é tarefa fácil.
Talvez caminhemos por toda uma vida e não cheguemos sequer perto.

O que pode levar você a perguntar...

POR QUE DEDICAR TODA UMA VIDA
A ALGO TÃO DIFÍCIL DE SE ATINGIR?

Porque é lá que está sua verdadeira liberdade.

É lá que está sua capacidade de amar,
simplesmente amar... sem condições.

Amar, mesmo sem saber se será amado de volta.

Amar, mesmo quando o outro
não pode estar ao seu lado.

Amar, mesmo enquanto os sonhos não
trilham um caminho comum.

Ao chegar ao topo dessa montanha você terá encontrado o que existe de mais valioso na vida:

SUA CAPACIDADE DE
"SER AMOR".

Terá se tornado como uma pedra preciosa que, de tão brilhante, inspira e encanta a todos que a tocam. Terá se transformado em alguém querido e especial a todos aqueles que convivem com você.

ACREDITE,
O AMOR
ESTARÁ
A SEU
LADO.

Não poderia ser diferente.

Se você se torna luz, tudo ao seu redor se ilumina, não é? O mesmo acontece com o amor.

SIMPLES ASSIM.

O MOMENTO É AGORA.

Saia em busca da vida e verifique isso tudo por você mesmo.

Não desista!

Se cair, levante-se e comece tudo de novo. Se errar, aprenda com seus erros. Nunca perca a esperança, não se torne uma pessoa seca e amarga, não apague seu brilho.

Olhe ao seu redor... agora mesmo... você não está sozinho em sua busca.

Aprenda a divertir-se. Caminhe com entusiasmo e alegria. Não há motivos para tornar tudo tão sério.

Não há tempo a perder. Neste exato momento, em algum lugar, existe um grande amor procurando por você.

Você merece!

Arrisque

Acredite
em você

Liberte-se

Permita-se
sentir

... PELO AMOR
QUE
EXISTE
EM SUA
VIDA.

Agradeça...

Sonhe

Expresse
sua verdade

A MONTANHA

M

AM

EU AM

EU TE AM

Utilização das cartas

Este livro vem acompanhado de 60 cartas, cada uma trazendo um texto relacionado ao tema.

Para utilizar as cartas, antes de mais nada, encontre um lugar tranqüilo e silencioso, certificando-se de que não será interrompido.

Feche os olhos por um momento, volte sua atenção para a sua respiração e aquiete a mente enquanto embaralha as cartas. Procure relaxar as tensões, soltar o corpo, abrir-se para seu mundo interno.

Quando estiver pronto, retire, sem olhar, uma das cartas do baralho e leia a mensagem.

Se quiser obter uma mensagem sobre um relacionamento em especial, sintonize-se com a pessoa antes de retirar a carta. Você pode fazer isso visualizando a pessoa e pedindo mentalmente que você obtenha algum esclarecimento a respeito desse relacionamento.

Sobre a autora

Meu nome é Patricia Puccini Peres Garcia (o Gebrim neste livro agradeço à gentileza de meu ex-marido, atual amigo querido, que não se importou em continuar a me emprestar!).

Além de escritora (você já leu *Palavra de Criança*?), sou psicóloga e atuo como psicoterapeuta de adolescentes e adultos.

O que mais de importante tenho para compartilhar?

Gosto de velejar, adoro chocolate (fazer o quê?), tenho uma cachorrinha chamada Vita e venho seguindo pela vida, experienciando, como você, as lições que o amor tem para me dar.

Assim surgem meus livros, frutos de descobertas pessoais, lágrimas, risos, quedas, saltos, sonhos e improvisos.

Um desejo... o de que um dia, quando os anos de minha vida já estiverem "mais para lá do que para cá", eu seja uma velhinha sábia, com muitas histórias para contar. E que, ainda assim, more dentro de mim essa criança viva e alegre, que nunca se cansa de brincar.

Caso queira enviar algum comentário sobre o livro, aí segue meu E-mail:

ppuccini@uol.com.br